본 격 대 결 과 학 실 험 만 화

내일은 실험왕 ⑨

본격 대결 과학실험 만화

내일은 실험왕 ⑨ 날씨의 대결

글 곰돌이 co. | 그림 홍종현 | 감수 박완규, (주)사이언피아 | 채색 유기선 | 사진 POS 스튜디오, 기상청, 연합뉴스, Shutterstock, Croniques del Bernat
펴낸날 2009년 2월 5일 초판 1쇄 | 2010년 2월 23일 초판 4쇄
펴낸이 김창식 | 본부실장 황현숙 | 개발팀장 박현미 | 기획·편집 문영, 이영, 최민정, 박소영, 이지웅 | 디자인 박남희, 박지연
마케팅 황선범, 안형태, 최병화, 천용호, 김위용, 한정도, 김동명 | 홍보 황영아, 김정아, 박민수, 박정화 | 제작·관리 김경수, 송정훈, 장동숙
펴낸곳 (주)미래엔 컬처그룹 서울시 서초구 잠원동 41-10 편집 02)3475-3920 마케팅 02)3475-3843~4 팩스 02)541-8249 | 홈페이지 http://www.i-seum.com
출판등록 1950년 11월 1일 제16-67호

©곰돌이 co. · 홍종현 2008
부록으로 '풍향·풍속·풍기대 만들기' 실험 키트가 들어 있습니다.
저작권자의 동의 없이 무단 복제 및 전재를 금합니다.

ISBN 978-89-378-4226-9 77400
ISBN 978-89-378-4228-3(세트)

잘못된 책은 구입처에서 바꾸어 드립니다.
값은 뒤표지에 있습니다.

＊(주)미래엔 컬처그룹은 대한교과서주식회사의 새로운 이름입니다.

아이세움
i-seum

본격 대결 과학실험 만화

내일은 실험왕 ⑨

글 곰돌이 co. | 그림 홍종현

아이세움

차례

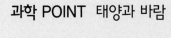

등장인물

범우주

소속 새벽초등학교 실험반.

관찰 내용
- 실험반에서 쌓은 과학 지식으로 백만장자가 되겠다는 꿈을 키우고 있다.
- 에릭과 투닥거리면서, 어설프게 아는 척하기보다 모르는 것을 솔직하게 인정하는 게 더 좋다는 사실을 깨닫는다.
- 짝사랑과 전국 대회에서 모두 위기를 맞지만, 흔들림 없이 씩씩하게 맞선다.

관찰 결과 생활 속에서 떠오른 아이디어들을 실험하면서, 자신도 모르게 과학 지식과 실험 실력을 쌓고 있다.

강원소

소속 새벽초등학교 실험반.

관찰 내용
- 평소 풍부한 과학 지식으로 날씨를 예측하고 준비해, 급작스러운 소나기를 만나도 당황하지 않는다.
- 이미 뛰어난 실력을 갖추고 있지만, 전국 대회에서 만날 실험반들을 만만하게 보지 않고 철저하게 준비한다.
- 새벽초가 부정행위로 실격 당할 위기에 처하자, 자신과 실험반의 명예가 더럽혀졌다고 생각하며 분노한다.

관찰 결과 좌충우돌하며 문제를 해결하는 우주를 통해 알게 모르게 실험의 영감을 많이 얻고 있다.

나란이

소속 새벽초등학교 실험반.

관찰 내용
- 하굣길 소나기를 피하다 우연히 만난 원소가 우산을 씌워 주자 말할 수 없는 행복을 느낀다.
- 전국 대회 출전을 축하해 주러 온 세나의 선물을 의심 없이 받아들인다.
- 누구보다도 설레이는 마음으로 열심히 준비한 전국 대회 첫 대결에서 예기치 않은 사건에 휘말리게 된다.

관찰 결과 누구든 그 사람의 입장에서 상황을 이해하고 배려하지만, 그것 때문에 결국 새벽초를 위기에 빠뜨리고 만다.

하지만

소속 새벽초등학교 실험반.
관찰 내용
• 초롱이가 좋아하는 사람이 자기가 아니란 걸 알게 됐지만, 초롱이에 대한 마음을 계속 키워 간다.
• 생애 첫 고백의 편지 때문에, 친구 배우리에게 정보와 지갑을 모두 털린다.
• 첫 대결을 앞두고 전국 대회와 상대 학교에 관해 철저하게 조사한다.
관찰 결과 정보 수집과 정리의 달인답게, 위기 상황에 빠졌을 때 객관적으로 상황을 판단하고 문제를 해결하려고 한다.

에릭

소속 사이언 실험 학원.
관찰 내용
• 가설 선생님이 자신과 함께 영국으로 돌아가 주길 간절히 바라고 있다.
• 선생님이 자신을 떠날 때 해 준 마지막 수업을 잊지 못하지만, 그 의미를 알지 못한다.
• 전국 대회에 출전한 다른 학교 실험반에 들어가기로 결정한다.
관찰 결과 가설 선생님을 떠나 자신의 길을 찾아가겠다고 말하지만, 선생님의 유일한 제자이고 싶은 마음은 변함 없다.

정반디

소속 바다초등학교 실험반.
관찰 내용
• 전국 대회 3연속 출전에 빛나는 바다초등학교 실험반의 에이스로, 실험 진행력과 사교성이 좋다.
• 실험이 실패한 위기 상황에서도 침착함을 잃지 않고 최선을 다해 문제를 해결하려고 한다.
관찰 결과 진행상의 문제로 새벽초등학교와의 실험 대결을 제대로 결판 짓지 못한 것을 아쉬워한다.

기타 등장인물

❶ 흔들림 없는 믿음을 갖고 제자들을 응원해 주는 **새벽초 실험반 지도 선생님 가설**.
❷ 실험반 범우주를 좋아하지만, 실험 용어와 과학 상식에는 취약한 **태권 소녀 김초롱**.
❸ 초롱이를 향한 하지만의 바보 같은 순수함에 깊은 감동을 받은 **태권도부 주장**.
❹ 전국 대회를 앞둔 란이에게 석연치 않은 화해의 선물을 주고 간 **강세나**.

제1화 소나기 내리는 하굣길

애고고.

후~

그래도 근처에 백엽상이 있어서 다행이야.

쏴아아

아, 우산을 가져온 애도 있네.

깜짝

원…….

꺅!

쿵

털썩

……

쏴아아아

거기서
뭐 해?

원소에게 이런
모습을 보이다니!!

가, 갑자기
비가 와서……

씌워 줄까?

꺅!!

저, 정말?!
그래도 괜찮아?

끄덕

툭 투 툭

신기해~.

구름만 보고도 오늘 날씨를 알 수 있다니!

구름으로 내일의 날씨를 예상할 수도 있어.

구름마다 생기는 이유가 다 다르니까.

응?

구름은 태양열로 증발한 수증기가 올라가서 모인 거잖아. 다른 원인이 또 있어?

구름

태양열   수증기

구름이 그런 상승 기류에 의해 만들어지는 건 맞지만, 태양열뿐만 아니라 지형, 기압과 습도, 공기의 흐름(기류) 등에도 영향을 받아.

산을 따라 공기가 상승할 때.

산

구름

바다

땅이나 바다의 공기가 따뜻해져 상승할 때.

구름의 여러 가지 생성 원인

적란운

찬 공기가 더운 공기 밑을 파고들어, 더운 공기를 상승시킬 때.

권층운

더운 공기가 찬 공기를 타고 위로 상승할 때.

이렇게 구름이 생기는 기상 조건에 따라 구름의 모양도 달라지니까,

구름의 모양을 보면 다음 날 날씨를 짐작할 수 있지.

예를 들면 적운(뭉게구름)이나 권적운(비늘구름)이 떠 있으면 다음 날 날씨는 맑고,

권운(새털구름)이나 권층운(털층구름)이 떠 있으면 며칠 내로 비가 올 확률이 커.

적운

권적운

맑음

권운

권층운

비

와, 정말 대단해!!

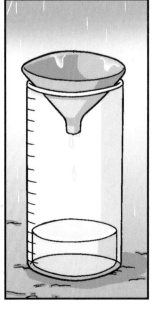

우헤헤!
우산 아르바이트는
항상 성공이라니까!

어떻게 알고 준비했어?
우주도 오늘 비가 올 걸
알고 있었어?

원소처럼
구름을 보고
안 거야?

뭐? 구름?

오직 과학적인
정보만 믿는다고.

난 말이야,
그런 뜬구름 같은
예상은 하지 않아!

바로
옆집 할머니의
신경통!!

매일 아침마다 집 앞을 청소하시는
옆집 할머니는, 비가 오기 직전에
늘 무릎이 아프시거든.

몇 년간 지켜본 결과
적중률 99%야!
이보다 더 과학적일
수는 없지.

비가 오려나?
또 무릎이
쑤시는구먼.

모래에 섞여 있는 쇳가루를
자석으로 분리할 수 있는 것처럼,

자석

모래

쇳가루

빗물

불순물

영양분

만약 이 공짜 빗물에서
영양은 그대로 두고
나쁜 성분만 없앨 수 있는
간단한 방법을 알아낸다면…….

빗물만
팔아도 난
백만장자가
될 거야.
하하하하!

노력은 가상하지만,
우리 실험실에서 할 수 있는
성분 검사 실험은 한정돼 있어.

아마 꿈이
이루어질 때쯤엔,
넌 할아버지가
되어 있을걸?

신비의 빗물

……!

지금
저주하는 거냐?

이 얄미운 녀석!
처음부터 이러려고
접근한 거지?

저, 진정해.

23

그래도 그 실험을 하면서, 새로운 걸 알아낼지도 모르잖아.

그, 그렇지!

원소 학생.

끼익

철컥

멈칫

나한테……, 빌려 주는 거야?

두근

이거 쓸래?

난 이제 필요 없으니까.

아아…….

두근 두근 두근

덥 석

이런 고급 우산은
나중에 돌려줘야 하니까
번거롭잖아!

품절

란이야! 이 비닐우산은
안 돌려줘도 되니까
이거 쓰고 가.

품절

실험 1 습도계 만들기

습도는 공기 중에 포함된 수증기의 정도를 말합니다. 공기가 담을 수 있는 수증기 양의 최대치는 온도에 따라 달라집니다. 일정 부피의 공기 속에 실제로 포함되어 있는 수증기의 양을, 포함할 수 있는 최대 수증기량(포화 수증기량)에 대한 비율로 계산하여 %(퍼센트)로 표시한 것을 상대 습도라 합니다. 그리고 공기 $1m^3$에 포함된 수증기의 양을 g(그램)으로 표시한 것을 절대 습도라 합니다. 일상생활에서 공기의 습하고 건조한 정도를 나타낼 때는 상대 습도를 사용합니다.

예를 들어 현재 습도가 100%라고 하면, 공기 중에 있는 수증기량이 포화 수증기량과 같다는 뜻이며, 이러한 상태에서는 수증기가 응결하여 김이 서리거나 이슬이 맺히게 됩니다. 일반적으로 하루 중 기온이 낮은 밤의 습도가, 기온이 높은 낮의 습도보다 높습니다. 습도계를 직접 만들면서 그 원리를 알아봅시다.

$$상대 습도(\%) = \frac{현재 온도의 수증기량}{현재 온도의 포화 수증기량} \times 100$$

준비물 셀로판지, 우드락(하드보드지 혹은 판자), 자(15cm 이상), 투명 접착테이프, 클립, 압정, 100원 동전 1개, 10원 동전 1개, 실과 바늘(혹은 침), 분무기

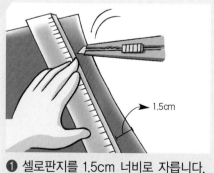

❶ 셀로판지를 1.5cm 너비로 자릅니다.

❷ 100원 동전과 10원 동전을 실로 묶고 테이프를 붙여 고정시킵니다.

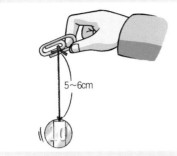

❸ 동전 묶은 실을 5~6cm 정도 길이로 클립에 매답니다.

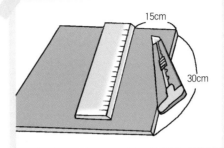

❹ 우드락을 가로 15cm, 세로 30cm 크기로 자릅니다.

❺ 자를 이용하여 우드락의 왼쪽에 눈금을 그리고, 번지지 않도록 눈금 위에 투명 테이프를 붙입니다.

❻ 1.5cm 너비로 자른 셀로판지를 반으로 접어, 동전을 매단 클립을 끼웁니다.

❼ 셀로판지의 끝 부분을 우드락의 눈금이 시작하는 부분에 대고, 압정과 접착테이프로 고정시킵니다.

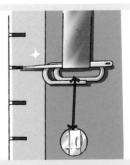

❽ 셀로판지에 끼운 클립에 바늘을 붙여 눈금을 가리키게 합니다.

❾ 분무기로 셀로판지 주변에
물을 뿜어 습도를 높이면,
셀로판지가 늘어나 습도계의
눈금이 달라집니다.

왜 그럴까요?

셀로판지는 공기 중의 수증기량에 민감하게 반응하는 성질이 있습니다. 습도가
높아지면 공기 중의 수분을 흡수해서 늘어나고, 반대로 습도가 낮아지면 수분을
빼앗겨 길이가 줄어들게 됩니다. 이와 같이 습도계는 습도에 민감한 물질을 이용해
만드는데, 그중 하나가 사람의 머리카락을 이용한 모발 습도계입니다. 사람의
머리카락은 습도가 0%에서 100%로 증가할 때 그 길이가 2.5% 늘어나므로,
늘어나는 정도에 따라 습도를 알 수 있습니다.
이 외에도 물의 증발 현상을 이용하여 보다 정확한 습도를 알 수 있는 건습구
습도계, 자동적으로 시간에 따른 습도의 변화를 기록하는 자기 습도계, 수증기의
응결 온도를 재어 습도를 구하는 이슬점 습도계, 공기 중의 습기를 빨아들이는
성질(흡습성)이 있는 화학 물질을 이용하는 흡수 습도계 등이 있습니다.

새벽초
실험반 파이팅!

목표는
전국 대회
우승이다!

습도가
올라가고
있어.

헉

제2화 에릭의 결심

안 돼! 내 빗물!!

으아~!

탁

주르륵

어떻게 모은 빗물인데!

힝~~

조금이라도 건져야 해!

안됐네. 중력을 잘 이용했으면, 물을 버리지 않았을 텐데……

중력……?!

빠져..

누가 내 실험에 딴죽을 걸어?

중력 때문에 이렇게 된 건 나도 안다고!

Hi~.

에릭? 니가 여긴 무슨 일로…….

선생님은 어딨어? 교무실에서 여기로 가 보라고 했는데.

퍼뜩!

아, 아니지!

너 잘 만났다! 안 그래도 따질 게 있었어!

란이와 사귄단 거짓말은 왜 한 거야?

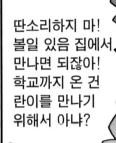

딴소리하지 마! 볼일 있음 집에서 만나면 되잖아! 학교까지 온 건 란이를 만나기 위해서 아냐?

란이는 실험 학원에 가면 얼마든지 만날 수 있어.

충고 삼아 말해 주는 건데…….

됐네! 또 무슨 소릴 하려고!

그리고 저번 일은 내가 말하려고 했는데 네가 싫다고 했잖아. 기억 안 나?

움 쩔..

어! (내일은 실험왕 7)의 203쪽 대결 때…….

선생님이랑 급하게 의논할 일이 있는데,

휴대폰이 없어서 연락도 안 되고…….

으~, 분해.

37

그래?

마침 여기 준비물이 있으니, 나한테 보여 줄 수 있겠구나.

뭐……?

물컵과 종이!

이것만으로 무슨 실험을 한다는 거야?

뒤집어도 쏟아지지 않는다고?!

종이를 구겨 입구를 막는 건가?

아님 종이를 바닥에 두고 컵을 뒤집어?

아! 이거 어디서 본 것 같은데……

언제까지 멀뚱히 서 있을 거야?

38

이. 이럴 수가!

성공이야!!

넌 정말…….

봤지? 봤지?!

하 핫

이거라면 유치원생도 알고 있는 실험이잖아!

하지만 유치원생은 실험의 원리를 설명할 수 없겠지. 어때, 넌 할 수 있어?

나, 난 하던 실험이 있어서…….

…….

란이는 말이야…….

멈 칫!!

뭐든 모르는 게 있으면 솔직히 물어보거든.

난 그게 어설픈 자존심보다 훨씬 좋다고 생각해.

뭐……?!

부들 부들

그, 그런 말 하려면 당장 나……

나한테……,

설명해 보시든가!!

붉으락

푸르락

네 태도는 마음에 들지 않지만 나의 멈출 수 없는 지도 본능으로 설명해 주지. 잘 들어.

나도 네 태도 맘에 안 들어.

빠직

지구 위의 모든 물체는 중력의 영향으로, 지구 중심을 향해 당기는 힘을 받지.

스윽

쳇!

그건 나도 안다니까!

41

하지만 중력에 의해 지구 쪽으로 당겨지는 건 공기도 마찬가지야.

공기도……, 당겨진다고?

지금 이 공기 말이야?

공기는 중력 때문에 대기압이라는 압력을 만들어 내지.

지구를 둘러싸고 있는 대기권의 공기가 중력에 의해 당겨져서, 약 1기압의 압력을 유지하며 사방에서 우리 몸을 누르고 있어.

대기압

기압

기압

우리 몸은 이런 대기압에 적응해 있기 때문에 평소엔 공기의 무게를 느끼지 않지만, 중력이 없는 우주에서는 우주복이 필요하지.

그러니까 우주에서는 우리 몸을 눌러 주는 압력이 없기 때문에,

대기압에 익숙해진 몸이 이상을 일으킬 수도 있다는 거지?

끄으으으

*캔을 가열하는 실험은 위험할
수 있으니 주의해야 합니다.

캔 속의 공기가 식으면
어떻게 될까?

내
생각엔…….

캔 속의 공기 입자가
빠져나가서 캔 속엔 적은 양의
공기 입자만 남았으니까,

팽창했던
공기가 식어 차지하는
공간이 줄어들면,

덜덜덜

풀가동 중

캔 속 공기의
압력이 캔 밖보다
작아지는 건가?

맞아. 그래서 이 캔 속의 공기는
대기압보다 압력이 낮은 상태,
즉 저기압 상태가 되는 거야.

저기압?

따 닥 !

앗!
캔이!!

45

안절부절

왔구나!

오래 기다렸지? 교지 회의가 늦어져서 말이야.

그런데 의논할 일이란 게 뭐야?

아! 그, 그게…….

주섬 주섬

52

이, 이거!!

읽어 줘!
내가 처음 써 본
고백 편지야.

흠칫

히익~

이, 이걸
나한테?!
대체 왜?

내가
좋아하는
여자애에게
줄 거야.
그 전에 같은
여자 입장에서
읽어 줘.

혹시 이상하진
않은지 한번
봐 달라고!

그, 그거였어?
놀랐잖아~.

그래서 급하게
만나자고 했구나?

휴~

끄덕
끄덕

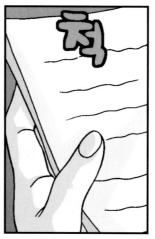

54

거기엔 전국 실험 대회를 취재하는 진짜 기자들이 가득하다고!

운이 좋으면 내가 좋아하는 기자를 만나게 될지도 몰라.

배우리, 너 혹시……

전국 실험 대회에 가 본 거야?

당연하지.

난 태양초 방송반이잖아. 우리 학교 실험반은 아주 큰 화젯거리라고.

그리고 누구든 초대할 수 있으니, 네 여자 친구를 초대해서……

쭉

아, 안 돼!!

캭~

초롱이가 보고 있으면, 난 실험을 망칠지도 몰라!

멈칫!!

아차!

아…….

서걱 서걱

아~, 새벽초 실험반 하지만이 좋아하는 분 이름은 '초롱' 이군요~.

59

장영실(蔣英實)

©요양학스

장영실(?-?)
세계 최초의 우량계인 측우기를
만든 우리나라 최고의 과학자이다.

장영실은 세계 최초의 우량계인 측우기를 비롯해
뛰어난 천체 관측 기구와 시계 등을 만들어 우리나라
과학 발전에 공헌한 조선 중기의 과학자입니다.
그는 태어나고 죽은 날짜조차 기록에 남아 있지 않은
천한 관노였지만, 타고난 과학적 재능을 인정받아
1423년 세종에게 발탁되어 관원이 됩니다.
장영실은 왕의 특명에 따라 1432년부터 수많은 천문
기기와 기상 관측 기기를 설계하고 제작하였습니다.
천문 관측대인 간의대 제작을 돕기 시작해, 천체의
운행과 위치를 측정하는 천문 시계 혼천의를 완성한
후, 청동 활자의 결함을 보완한 금속 활자 주조를
지휘하고, 우리나라 최초의 물시계인 자격루를 만들었습니다. 이 밖에도 앙부일구
등의 해시계와 태양의 고도와 출몰을 측정할 수 있는 규표 등을 만들어 세종의
총애를 받게 됩니다.
그의 업적 중 가장 놀라운 것은 1441년 측우기를 발명한 것입니다. 측우기는 전국
각 지역에 내린 비의 양을 규격화하여 알 수 있게 했고, 이에 따라 사람들은 하천의
범람을 미리 예상하여 피해를 줄일 수 있었습니다. 유럽에서는 1639년에
이르러서야 우량계가 발명되었으니, 측우기는 서양보다 무려 200여 년이나 앞서
만들어진 것입니다. 장영실은 그 공으로 1441년에 정3품의 높은 자리까지
오르지만, 다음 해 그가 만든 왕의 가마가 부서지면서
불경죄로 곤장을 맞고 파직당합니다.
타고난 창의력과 비범한 기술력으로 훌륭한
과학 기기들을 만들어 과학 기술 발전에
큰 역할을 하였기에, 장영실은 우리나라
최고의 과학자로 평가되고 있습니다.

해시계 앙부일구(보물 제845호)
솥 모양의 그릇 안쪽에 24절기를 나타내는 눈금을 새기고
북극을 가리키는 바늘을 꽂아, 그 그림자가 가리키는
눈금에 따라 시각을 알 수 있게 만들었다.

박사의 실험실1

 대기 오염에 대한 대처 방법

스모그나 황사에는 대기 중의 오염 물질이 많이 섞여 있어서, 인체에 해를 입힐 수 있습니다.

스모그

황사

스모그는 smoke(연기)와 fog(안개)의 합성어로, 대도시의 오염 물질이 대기를 덮어 안개처럼 하늘을 뿌옇게 만드는 것이고,

황사는 몽골에서 시작된 황토 바람이 중국을 거쳐 오염 물질이 섞인 채 불어오는 바람을 말합니다.

아아, 나는 시간에 쫓기며 연구만 하는 현대 쥐가 되어 버렸군.

이런 때일수록 여유를 가져야지.

이러한 대기 오염 상황은 일기 예보에서도 미리 알려 주므로, 스모그나 황사 경보 등이 내린 날에는 외출을 삼가는 것이 좋습니다.

박사님! 빨리 연구실로 돌아가요!

이보게, 조수. 정서가 메말랐군. 이 멋진 안개를 봐. 저절로 옛사랑이 떠오르지 않나?

꼭 외출해야 할 때는 호흡기와 피부를 보호할 수 있는 마스크와 긴소매 옷을 착용하며,

박사님! 이건 안개가 아니라 스모그예요!

외출 후에는 손발을 깨끗이 씻고 물을 많이 마셔서, 오염 물질을 희석시킵니다.

뭐라고?! 흡!

제3화

마지막 실험 수업

첫 대결에서 지면, 광고도 거기에서 끝이라고요. 너무 기대하진 마세요.

이보다 좋은 광고는 없어!

번 쩍

뭐?!

대회 전날 그런 재수 없는 소릴 하다니!

당장 취소하지 못할까!

캑 캑

지만이는 대결 형식을 말한 거야.

16개 시도에서 두 팀씩 32개 팀 모두, 4강에 오르기 전까지는 한 번이라도 지면 바로 탈락이니까.

축! 새벽초

그건 이미 알고 있지만,

우리가 처음부터 떨어질 리 없잖아! 아직 상대 팀 실력이 어떤지도 모르고…….

바다 초등학교에 대해서라면 이미 조사 끝냈어!

쓱

전국 실험 대회 3회 연속 출전!

최고 성적은 16강. 실험반의 핵심 인물은,

정반디!

정… 반디?

66

휘이이이이..

바람이 부는구나…….

이렇게 손을 높이 들면 바람의 방향이나 세기를 느낄 수 있지.

후우우우우

그리고 태양의 힘까지 느낄 수 있단다.

아, 그 얘기 저도 알아요!

태양?

바람

태양

바람과 태양이 누가 더 힘이 센지 '나그네의 외투 벗기기'로 대결을 하는데,

바람은 외투를 날려 버리려고 하지만 실패하고,

태양은 뜨겁게 비추어 나그네 스스로 외투를 벗게 만들죠!

결국 태양이 대결에서 승리하는 거예요.

난 처음 듣는데.

맞아, 그 동화 나도 알아.

69

바람이 태양을 이기지 못하는 건, 바람이 태양에 의해 만들어졌기 때문일 게다.

네? 바람은 기압 차이로 생기는 거 아니에요?

고기압 저기압

기압의 차이가 바로 태양열 때문에 생겨나니까.

뭐?

태양… 열?

맞아! 캔 속을 저기압으로 만든 건,

열! 가열된 공기가 팽창하며 캔 밖으로 빠져나왔기 때문이었어.

태양열에 달구어진 공기는 위로 상승하고, 찬 공기가 그 자리를 채우기 위해 몰려드는 대류 현상이 바로 바람이야.

뜨거운 공기

차가운 공기

그렇구나!

지금까지도 그랬지만……

그것만 기억한다면……,

전국 실험 대회에서 너희에게 부족한 점은 하나도 없다.

게시판

그래!

우리의 뜨거운 열로 모두를 녹여 버리자!

좋아, 우리 실력을 보여 주는 거야!

통

자자, 얘들아! 마지막으로 실험반 단체 사진을 찍자! 모두 모여 보렴.

네-!

나이언 닐험 나라

초등영재반

과학고대비

뭐?
정말이야?!

응, 나도
오늘 들었어.

말도
안 돼~!

우리 학원, 아니 모든
학교와 학원을 통틀어
제일 멋있는 선생님인
에릭이 그만두다니!

믿을 수 없어~.

갑자기 왜?
정말일까?

속닥

속닥

철컥

탁

황산구리 결정 만드는 실험을 하려는 거지?

이 용액을 식혀 털실을 감은 철사를 넣어 두면, 그 주변으로 결정이 생기잖아.

나무젓가락

털실

결정

맞아, 하지만 이번에는 결정 씨앗으로 결정을 크게 키우는 거야.

자……, 하나씩 줄게.

스윽

이건……,

에릭이 만든 결정이야?

퐁

78

에릭……,
괜찮아?

그럼,
물론이지.

오늘 마지막 강의는
정말 감동적이었어.

에릭은 역시
대단해.

글쎄……,
넌 그게 무슨 뜻인지
알겠어?

응?

난……,

그냥 앵무새처럼
따라 한 거야.

따라… 하다니?

이 강의는 가설 선생님이
내게 마지막으로 해 준 거였어.
지나가는 것과 남는 것…….

백엽상

백엽상은 기상 관측 기기가 설치된 작은 집 모양의 나무 상자로, 백엽상(百葉箱)이란
이름은 100개의 판자 조각을 안팎에 두 겹으로 조립해 만들었기 때문에 붙여졌습니다.
기상 관측 기기는 같은 장소라 해도 직사광선을 받는 곳인지 아닌지에 따라,
그리고 높이에 따라서도 결과가 다르게 나타나기 때문에, 정확한 측정을 위해서는
일정한 조건을 갖추어야 합니다. 따라서 백엽상은 주변 환경의 영향을 최대한
적게 받는 곳에 설치됩니다.

백엽상 설치 조건

❶ 백엽상은 땅에서 올라오는
복사열이 공기의 온도에
영향을 주지 않도록, 주변에
장애물이 없는 잔디밭
중앙에 설치합니다.

❷ 밑면의 높이는 땅에서
1m 정도 위에, 온도계와
습도계의 위치는
1.2m~1.5m 높이가
되도록 합니다.
이는 사람이 보통
활동하는 높이에
맞추기 위해서입니다.

(사진 제공:기상청)

❸ 백엽상의 외부와 내부는
흰색 페인트로 칠해
햇빛을 반사하게 하고, 사방을 두 겹의 나무 창살로 만들어 비나 눈, 햇빛이
들어가지 않으면서도 바람이 잘 통하게 합니다.

❹ 문은 북쪽을 향하게 하여, 열고 닫을 때 태양열의 영향을 덜 받도록 합니다.

백엽상 내부의 관측 기기

백엽상 안에는 현재 기온, 그날의 최고 기온과 최저 기온, 그리고 습도를 관측하여 이를 자동으로 기록하는 기기가 들어 있습니다. 관측 기기들과 벽 사이에는 공간을 두어 서로 영향을 적게 받도록 하고, 비나 눈이 심할 때는 기구를 마른 헝겊으로 닦아 주는 것이 좋습니다.

최고·최저 온도계 최고 온도계는 온도가 내려가도 최고 온도에서 멈추기 때문에, 일정한 시간 내의 가장 높은 온도를 알 수 있습니다. 온도를 재는 동그란 아랫부분과 온도를 표시하는 관 부분을 아주 좁게 만든 수은 온도계로, 체온계도 일종의 최고 온도계입니다. 마찬가지로 최저 온도계는 일정 기간 중 가장 낮은 온도에서 멈추게 만들어집니다.

자기 온도계 일정 기간 동안 온도가 변하는 과정을 자동으로 기록하는 온도계로, 시간의 변화에 따라 달라지는 온도를 알 수 있습니다.

(사진 제공 : 기상청)

통풍 건습계 두 개의 수은 온도계를 나란히 놓고 한쪽 온도계를 적셔 두면, 마른 쪽 온도계와의 온도 차이를 통해 습도를 잴 수 있습니다.

자기 습도계 백엽상에 사용하는 자기 습도계는 주로 모발 습도계입니다. 머리카락이 습기를 흡수하면 늘어나고 건조하면 줄어드는 성질을 이용해 습도를 측정하며, 시간에 따른 습도 변화를 자동적으로 기록합니다.

걸어 다니는 인간 습도계로군.

저리 가.

제4화

드디어 전국 대회!

다시 만나게 되면 옛날 일은 다 없던 것처럼 반갑게 맞아 줄 거라 생각했는데…….

내 착각이었어.

세나야.

사실은……, 원소가 너무 보고 싶었어.

그렇지 않아!

원소도 너랑 같은 마음일 거야!

둘 다 방법을 잘 몰라서 그런 것뿐이야.

넌 정말 착하구나.

응?

란이 네가 원소 좋아하는 거 알고 있어.

와들짝

아! 나, 난 그냥…….

내가 원소에 대한 걸 부탁하거나 실험을 강요할 때 많이 힘들었지?

그런데도 넌 내 입장에서 이해해 주었어. 난 죽었다 깨어나도 그렇게 못할 거야.

여기 원소에게 전해 줘.

가짜 실험은 그만둬!

뭐야?

자, 이거!

꺼내 봐!

아……!

내가 독일 학교 실험 대회에서 우승했을 때 입었던 실험복이야.

내겐 행운의 옷이라고 할 수 있지.

이걸 왜
나한테……?

전국 실험 대회 출전도,
원소와 화해하는 것도
다 실패했지만,

란이 너와는
그렇게 되고 싶지 않아.

세나야.

그냥 마지막으로
내 마음을
전하고 싶었어.

받아 주는
거지?

물론이야!

이번 전국 대회에서
꼭 입을게.

그 옷이 네게도
행운을 가져다 주길
바랄게…….

고마워!

92

96

아!
초, 초롱아!

나 연습 끝났어.
먼저 갈게.

자,

잠깐!

기다려!

응?

방금 실험반의
하지만이
왔다 갔거든…….

갑자기 뼛속을
파고드는 이
냉기는 뭐지?

그래서?

이걸 너한테
전해 달라고
했어.

!!

그 녀석은 진심이야.
한번 읽어나 봐.

*감마선 방사선의 하나로, 물질 투과성이 강해 금속 내부 탐지나 의료용으로 많이 쓰인다.

야, 강원소! 넌 이런 날까지 개인플레이냐? 같이 오면 엉덩이에 뿔이라도 나냐고!

......

걱정 마. 이젠 어쩔 수 없이 단체 행동을 해야 하니까.

전국 대회 기간 동안은 모두 합숙소에서 생활한단다. 필요한 건 잘 챙겨 왔지?

네!

물론이죠! 대회 끝날 때까지 끄떡없다고요!

첫 시합이 곧 시작되니 서두르자꾸나.

네!

합숙소

와~, 좋다.

우아, 굉장하잖아?!

네, 지금 바다초등학교와 새벽초등학교 실험반이 입장하고 있습니다.

바다초등학교는 이미 세 번이나 전국 실험 대회에 출전한 반면, 새벽초등학교는 이번이 처음 출전인데요.

하지만 새벽초등학교에도 주목할 만한 학생이 있지요. 바로……,

불쑥

엥?!

헤헤헤,
지금 저 찍는 건가요?
제가 뭐 그리
대단하다고…….

푸하하하

재
뭐냐?

몰라.

샤샥

저,

저리 가!

역시 새벽초
실험반답구먼.

내
저 녀석을
그냥!

네! 강원소
학생이지요.

전국 순위권의 뛰어난 성적,
특히 화학 분야에
탁월하다고 합니다.

각 시도를 대표하는
두 팀입니다!

둥!

와
아
아
아

바다초 파이팅!

111

저기……, 기후가 어떨까?

기후? 응. 열이 아니고?

구름 만들기

실험 보고서	
실험 주제	실험을 통해 구름의 생성 과정을 눈으로 확인하며, 그 원리를 알 수 있습니다.
준비물	❶ 철제 스탠드 ❷ 클램프 ❸ 둥근 플라스크 ❹ 성냥 ❺ 고무관 ❻ 2구 고무마개 ❼ 주사기 ❽ 온도계 ❾ 향 ❿ 유리관 *(실험 기구 사진)*
실험 예상	공기를 압축시키거나 팽창시킴에 따라 공기 중의 수증기가 응결되어, 구름이 만들어질 것입니다.
주의 사항	❶ 둥근 플라스크는 되도록 작은 것을, 주사기는 큰 것을 사용합니다. ❷ 공기를 너무 많이 압축시키면 고무마개가 빠지거나 둥근 플라스크가 깨질 위험이 있으므로 주의합니다. ❸ 플라스크 안에 만들어진 구름은 금방 사라지므로, 주의 깊게 관찰합니다.

❶ 둥근 플라스크 속에 따뜻한 물을 조금 넣고,
   클램프를 이용해 철제 스탠드에 고정시킵니다.

❷ 고무마개 구멍에 온도계와 유리관을
   틈새가 생기지 않도록 꽂아 넣습니다.

❸ 고무관의 한쪽 끝은 유리관에, 다른 쪽은
   주사기 입구에 연결합니다.

❹ 향을 피워 둥근 플라스크 안에 연기를 넣고,
   연기가 빠져나가기 전에 ❸의 고무마개로
   입구를 막습니다.

❺ 주사기를 밀어 둥근 플라스크 안의
   공기를 압축시킨 후, 플라스크 안의 공기와
   온도 변화를 관찰합니다.

❻ 주사기를 당겨 둥근 플라스크 안의 공기를
   팽창시킨 후, 둥근 플라스크 안의 공기와
   온도 변화를 관찰합니다.

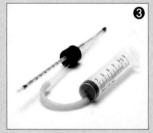

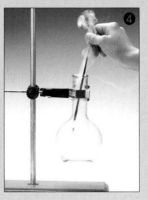

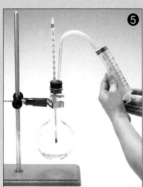

실험 결과

	온도 변화	플라스크 안의 변화
❶ 플라스크 안의 공기를 압축시킬 때	22℃ → 22.8℃	변화 없음
❷ 플라스크 안의 공기를 팽창시킬 때	22.5℃ → 21.9℃	뿌옇게 흐려짐

왜 그럴까요?

공기는 온도가 낮아지면 그 안에 포함시킬 수 있는 수증기의 양이 줄어들게 되어
응결을 시작합니다. 이런 공기 상태를 포화, 이때의 온도를 이슬점이라고 합니다.
온도가 이슬점 이하로 떨어지면 공기는 포화 상태가 되어, 공기 중의 수증기가
물방울로 맺히는 것입니다. 이렇게 해서 안개나 이슬, 구름 등이 생성되는데,
특히 구름은 실험에서처럼 기압 차이에 의한 온도 변화로 만들어집니다.
높은 대기일수록 기압이 낮아지고 팽창하며 기온은 내려가게 되는데, 이때
이슬점 온도에 이르면 수증기가 응결하여 구름이 만들어지는 것입니다.
대기 중에서도 수증기가 응결할 때 소금 입자나 연기 같은 응결핵이 없으면 포화
상태가 되어도 응결이 잘 일어나지 않기 때문에, 실험을 할 때는 흡습성이 있는
향의 연기를 둥근 플라스크에 넣어 응결핵 역할을 하도록 합니다.

박사님! 지하실에 저장해 둔 비상식량이 모두 썩어 가고 있어요!

뭐?

아니, 이런 장마철에는 습기가 많아 세균이 쉽게 번식한다는 걸 몰랐나?

그러고도 나의 조수라니……

앗! 박사님 얼굴에도 곰팡이가……!

이럴 수가!

며칠 동안 실험하느라 씻지 못했더니 몸에 곰팡이가 슬었어!

습기 관리를 하셨어야죠!

장마철에는 높은 습도 때문에 세균이 증식하기 쉬우므로, 식중독을 조심해야 합니다.

음식을 먹기 전에 20초 이상 비누로 손을 씻고, 물은 반드시 끓여서 먹어야 해요.

그리고 높은 습도 때문에 전기 기기에 누전될 수 있으므로, 감전 사고를 조심해야 합니다.

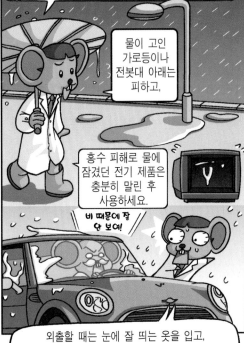

물이 고인 가로등이나 전봇대 아래는 피하고,

홍수 피해로 물에 잠겼던 전기 제품은 충분히 말린 후 사용하세요.

비 때문에 잘 안 보여!

외출할 때는 눈에 잘 띄는 옷을 입고, 교통안전에 신경 써야 합니다.

전국 대회 1회전
복사 vs 대류

지구는,

대기에 싸여 있어.

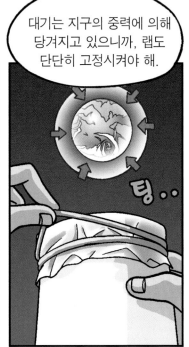

대기는 지구의 중력에 의해 당겨지고 있으니까, 랩도 단단히 고정시켜야 해.

그리고 이건 스스로 복사열을 내는,

태양!

자, 이제 온도계의 끝을 랩에 통과시켜 넣는 거야.

저 악마 같은 녀석!

치사하게 온도계를 싹 쓸어 갔어!!

참아!

우주야, 여기에서 이러면 안 돼!

버럭!

어떡하지? 우리도 온도계가 꼭 있어야 하는 실험이잖아.

온도를 재지 못하면 감점될 거야.

차라리 다른 실험으로 바꾸는 게…….

다시 의논할 시간이 없어. 그리고, '열의 이동' 이 주제라면 온도계는 필수야!

저 녀석들이 그걸 노린 게 분명해!

이대로 당할 순 없어~!

……

우주 말대로 하자. 간이 온도계를 만들면 돼!

아!

간이 온도계?

내가 뭘?

온도계는 유리관 속의 알코올이나 수은이 열을 받으면, 그 부피가 팽창하는 원리를 이용해서 만든 거니까……

그, 그걸 어떻게 만들어?

물이 끓는 온도 100°C

물이 어는 온도 0°C

온도계

같은 원리야. 요구르트 병에

빨간 물감을 푼 알코올을 넣고,

눈금을 표시한 빨대를 꽂아

고무찰흙으로 막으면 돼.

아!

하하하!! 엄청 간단하잖아? 내가 만들어 주지!

이 실험에서 가장 중요한 일이니까!

그래. 그럼 우리가 실험 준비를 하는 동안, 넌 간이 온도계를 만들어 줘.

맡겨 두라고!

우주야, 부탁해.

네, 실제로 태양 복사 에너지와 지구 복사 에너지의 양이 같은 것처럼요.

태양 복사 에너지의 70%는 지표면에서 흡수하고, 30%는 구름과 대기에서 반사해 버리죠. 또 지구는 흡수한 만큼의 에너지를 다시 물의 증발이나 전도 등의 방법으로 내보내, 결국 복사 평형을 이루고 있으니까요.

반사 30

지구 복사 70

공기

구름

구름

공기

물의 증발

전도

지표면에 흡수

이 복사 평형이 무너진 것이, 지구 온난화 현상이야.

복사열이 다량의 온실가스 때문에 지구 밖으로 나가지 못하고 다시 돌아와,

지구의 온도를 점점 높이면

남극과 북극의 빙하가 녹아 해수면이 상승하고,

지나친 홍수와 가뭄 같은 이상 기후까지 일어나는 거지.

복사열

해수면 상승

홍수

가뭄

그래, 지구 온난화 현상까지 연결시키면 더 높은 점수를 받을 수 있을 거야.

그뿐만 아니지.

우리 실험은 비커의 거리를 다양하게 두어서, 복사 평형 온도가 거리에도 영향을 받는다는 걸 증명할 수 있다고.

이제 결과를 보자. 첫 번째 비커의 온도는 33°C, 두 번째는 20°C, 세 번째는 21°C…….

*대류 상자 : 대류 현상 실험을 관찰할 수 있는 도구로,
위쪽에는 두 개의 구멍이 나 있고 앞면은 상자 안을
관찰할 수 있는 투명한 형태.

139

아! 연기의 방향이 바뀌었어! 바람이 생기기 시작한 거라고!

정말! 모래 쪽 구멍에서 연기가 나와!

지금이야!

상자를 열고 온도를 재.

아! 그래!

온도가
올라갔어!

좋아!
그럼
물의
온도는?

엉? 물의 온도가
훨씬 낮잖아?

걱정 마.
그게 정상이야.

흙과 물은
비열이
달라서, 같은
열을 받아도
온도가 달라.

비열?

아, 비열이란
그러니까……

어떤 물질 1g을 1°C
높이는 데 필요한 열량을
비열이라고 하지.

1°C 올리는 데
성냥 10개

1°C 올리는 데
성냥 2개

물의 비열을 1이라고 하면 건조된
흙의 비열은 0.2로, 흙이 물보다
훨씬 빨리 뜨거워지는 거야.

네!! 이제 실험이 모두 끝났습니다. 저희도 이 체육관의 관중들도, 모두 숨을 죽이고 지켜봤습니다.

역시 전국 대회다운 치열함이 느껴지는데요.

어떻게 보셨습니까?

두 학교 모두 열의 이동이라는 주제에 아주 적합한 실험을 선택했습니다.

새벽초등학교는 대류, 바다초등학교는 복사로 실험을 진행했지요.

하지만 새벽초는 실험 준비 과정에서 문제가 있는 것 같았는데요.

이 화면을 보시면……,

새벽초등학교에서 간이 온도계를 만드는 장면입니다.

실험 준비가 늦은 데 대한 감점이 되지 않을까 예상됩니다만…….

일기 예보

일기 예보란 기상 관측을 통해 얻은 정보를 분석하여 만든 일기도를 보고 시간에 따른 일기 변화를 분석하고, 앞으로의 기상 상태를 예측하여 미리 알려 주는 것을 말합니다. 최초의 기상 관측은 날씨에 민감한 농민이나 어민들이 경험에 의해 날씨를 예측한 것이었습니다. 르네상스 시대에 이르러 근대 과학이 발달하면서 온도계, 습도계, 기압계 등의 기상 관측 기기가 발명되었고, 1820년에 독일의 물리학자이자 기상학자인 브란데스가 기압과 풍향을 표시한 최초의 일기도를 그렸습니다. 19세기 후반에는 통신의 발달로 넓은 지역의 정보를 빠르게 수집하고 분석해 일기도를 그릴 수 있게 되었고, 매일 일기 예보를 할 수 있게 되었습니다. 오늘날 기상 관측 위성 등 첨단 기술을 이용하게 되면서, 일기 예보는 더욱 발전하고 있습니다.

기상 관측
기압, 습도, 풍속 등의 대기 상태를 파악하여, 구름, 안개, 비와 같은 여러 가지 기상 현상을 관측하는 일입니다.

라디오존데(Radiosonde) 기압계, 온도계, 습도계를 장치한 기구나 로켓을 대기로 띄운 것입니다. 상층 대기의 기상 상태를 무선 발신기를 통해 지상으로 보냅니다.

기상 레이더 구름 속의 물방울에 부딪혀 되돌아오는 전자파의 반사파를 분석하여, 비가 내리는 지역과 비의 강도 등을 알아냅니다.

지상 관측 백엽상, 풍향 풍속계, 자동 기상 관측(AWS) 등 지상에 설치된 기기들을 통해 기상 정보를 관측합니다.

해양 기상 관측 해양 기상 관측선 등을 통해 먼 바다의 기상 상태를 관측합니다.

기상 위성 관측 정지 기상 위성, 극궤도 기상 위성 등을 통해 우주 공간에서 실시간으로 기상 상태를 관측합니다.

자료 수집과 일기도 작성

인터넷, 팩스, 전화 등으로 국내외 기상 자료를 수집한 후 편집·가공하여 보내면, 슈퍼컴퓨터가 이를 분석하여 일기도를 작성합니다. 날씨를 나타내는 여러 가지 기호를 알아 두면, 한눈에 일기 예보를 읽을 수 있어 편리합니다.

일기 기호 풍향 풍속 구름	구름				일기					전선			
	맑음	구름 조금	구름 많음	흐림	비	소나기	눈	안개	뇌우	한랭 전선	온난 전선	폐색 전선	정체 전선
	○	◑	◕	●	•	▽	✳	≡	⌐	▲▲▲	●●●	▲●▲	▲▼

일기 예보 발표

기상청이 전국을 총괄하여 예보문을 발표하면 각 지방 기상청에서는 지형 특성을 고려하여 전국 예보, 지역 예보, 국지 예보 등으로 발표하며, 이용자는 TV나 라디오, 신문, 전화, 인터넷으로 일기 예보를 알 수 있습니다.

기상 예보 기간에 따라 세 시간이나 하루 단위는 단기 예보, 주간 단위는 중기 예보, 1개월 이상 혹은 계절 단위는 장기 예보로 분류합니다.

기상 특보 기상에 갑작스러운 변화나 이상 현상이 생겼을 때 특별히 발표하는 것으로, 재해가 예상될 때는 주의보, 그보다 더 심각한 경우에는 경보로 분류합니다.

제6화

위기에 빠진
새벽초

점수는 세 부문이 각 10점 만점이며,
주심의 30점과 두 부심의 점수를
평균한 30점을 합해 총 60점
만점으로 계산합니다.

먼저 새벽초등학교의
점수입니다.

실험 내용 점수는
주심 6점,

새벽초등학교			
평가부문	주심	부심	부심
실험내용	6	6	6

제1부심 6점,
제2부심 6점으로,
총 12점.

다음은 실험 태도
점수입니다.

벽			
평가 부문	주심	부심	부심
실험 내용	6	6	6
실험 태도			

선생님.

네.

?

스윽

대회 주최 측으로 제보 전화가 걸려 왔다고 합니다.

제보 전화요?

네, 새벽초 학생 중 한 명이 오늘의 대결 주제를 미리 알고 있었다는 내용입니다.

네?!

제보에 근거해

확인해 볼 사항이 있는데, 괜찮겠습니까?

네, 물론입니다.

당연하죠! 얼마든지!

가만히 있어!

끄덕

네가 나란이니?

네?! 네!

네 실험복을 한번 살펴봐도 되겠니?

실험복을요?

허둥
지둥

?

?

여, 여기요.

166

169

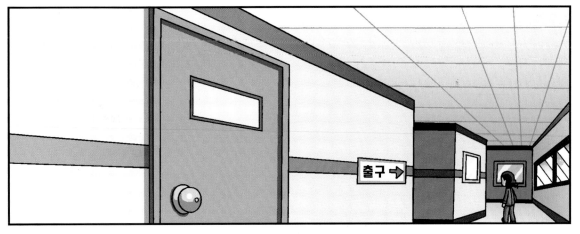

강원소!

란이는? 란이는 못 봤어?!

너도 우리랑 똑같은 질문만 받고 나온 거야?

그래.

아……

절레

절레

우리는 가도 좋다고 했는데, 란이는 오래 걸리나 봐.

가설 선생님이 함께 있긴 하지만,

많이 무서울 텐데……

란이가 오늘 대결 주제를 어떻게 알고 있었을까? 넌 혹시 들은 거 없어?

뭐?

너 정말
그럴래?

진정해!

난 간다!

강원소!!
너까지 란이를
못 믿는 거야?

멈첫

믿는다고?

그게 뭐가
중요해?

객관적으로
상황을 파악한다고,
우리가 뭘 할 수 있지?

뭐?

대결에서 부정행위로
이기려고 한 장면이
전국에 중계됐어!

쿵

우리는 실격당하고
그 기록은 평생 따라다닐 거야!
앞으로는 어떤 실험 대회도
나갈 수 없을 거라고!

...!!

176

난 실험을 할 때마다 두근거려……

실험을 하는 동안은 아무 생각 없이

실험에만 집중하게 돼.

……

생명은 소중히 지켜 주는 거야!

그리고 난 진짜 실험을 하고 있어!

내가 실험 공연 신청했어.

실험반이 이대로 없어지는 건 싫잖아.

맞아! 란이는 이기기 위해서 실험을 하는 게 아니었어.

실험을 사랑하는 란이가 그런 짓을 했을 리 없지!

끄덕‥

그래! 그렇다면 우리가 할 일은 정해졌어!

란이의 결백을 믿고 진실을 밝혀내는 거야!

우리 실험반의 명예를 위해서라도!!

그래!

전국 대회 첫 대결에서 이런 불명예를 안고 실격당할 수는 없잖아!

아!

전국 대회 첫 대결?!

이번 전국 대회 첫 대결을 조심해! -발신자 표시 제한-

!!

이럴 수가!

뭐야, 지금이 문자 확인할 때냐?

누군가, 이런 일이 있을 거라는 걸 미리 알고 있었어!

뭐?!

진짜잖아!!

누구, 누구야? 이 애를 찾아가서 알아내야 해!

발신자 표시가 없어!

원소야, 짐작 가는 사람이 있어?

탐정의 피가 끓어오르는군.

누구지? 내게 이런 문자를 보내서 경고를 할 만한 사람은…… 영재원에서 나올 때 받은 문자니까……

날씨

날씨는 일정 지역에서 비교적 짧은 기간에 나타나는 기상 현상을 말합니다.
지형이나 해류 등 여러 요소에 따라 달라지지만, 날씨 변화에 가장 많은 영향을
주는 요소는 태양과 공기, 물입니다.

태양

지구로부터 1억 4,960만
킬로미터나 떨어져 있는
태양은 표면 온도가
6,000℃가 넘으며, 뜨거운
열을 내뿜고 있습니다.
태양의 열과 빛은 지구의 날씨에

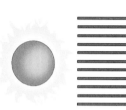

태양 고도

열대 지방과 극지방의 태양 고도 차이.

가장 큰 영향을 줍니다. 지구를 둘러싸고 있는 대기와 바다는 태양열을 받아
뜨거워지면 여러 방향으로 움직여 바람과 해류를 만들고, 이 과정에서 공기 중의
수증기는 구름을 만들어 눈과 비를 내리게 하기 때문입니다.
태양은 기후에도 큰 영향을 주는데, 태양의 고도가 90°에 가까운 적도 지방은

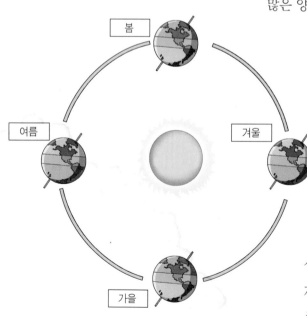

봄

여름

겨울

가을

태양 고도에 따른 북반구의 계절 변화.

많은 양의 태양열을 한꺼번에 흡수할 수
있어서 1년 내내 더운 열대
기후이고, 위로 올라갈수록
태양의 고도가 낮아져
극지방은 1년 내내 춥습니다.
또한 우리나라와 같은 온대
기후에서 봄, 여름, 가을,
겨울의 사계절이 생기는
이유는, 지구의 자전축이 공전
궤도면에 대해 66.5° 만큼 기울어진
상태로 태양의 주위를 회전하여,
계절마다 태양열을 받는 각도와
시간이 달라지기 때문입니다.

공기

공기가 중력의 영향을 받아 만들어 내는 압력을 대기압 혹은 기압이라고 합니다. 기압은 기상 상태나 고도에 따라 달라지며, 가볍고 따뜻한 공기가 상승 기류를 타고 위로 올라가면 주위보다 기압이 낮아져 저기압이 되고, 무겁고 찬 공기가 하강 기류를 타고 내려와 주위보다 기압이 높아지면 고기압이 됩니다. 공기는 고기압에서 저기압으로 이동하며 바람을 일으키는데, 기압 차가 클수록 바람의 속도도 빨라집니다.

기단과 전선 기단은 넓은 지역에 걸쳐 생기는 비슷한 온도와 성질을 가진 커다란 공기 덩어리를 말하는데, 만들어진 지역에 따라 열대 기단, 한대 기단 등으로 나눕니다. 서로 다른 성질의 기단이 만나면 두 기단과 지표면 사이에는 전선이 만들어집니다.

한랭 전선 ▲▲▲
차가운 공기가 따뜻한 공기 밑으로 파고들어 따뜻한 공기를 위로 밀어 올릴 때 생깁니다. 적운형 구름이 발달하고, 천둥, 번개, 소나기 등을 동반하며, 좁은 지역에서 빨리 움직입니다.

온난 전선 ●●●
가볍고 따뜻한 공기가 무겁고 차가운 공기 위를 타고 올라갈 때 생깁니다. 층운형 구름이 발달하며, 넓은 지역에 걸쳐 오래 비를 내리게 하고, 한랭 전선에 비해 속도가 느립니다.

폐색 전선 ▲▲●●
속도가 빠른 한랭 전선이 느린 온난 전선을 따라잡아, 두 전선의 일부가 겹쳐진 것입니다. 겹쳐진 지역에서는 둘 중 한 전선의 특징만 나타납니다.

정체 전선 ▲●
한랭 전선과 온난 전선의 세력이 비슷해 거의 이동하지 않고 제자리에 머물러 있는 전선입니다. 동서로 길게 생기며 장마 전선도 일종의 정체 전선입니다.

물

지구의 물은 태양열과 바람에 의해 하루에 약 150조 리터씩 증발하여 수증기의
형태로 대기 중에 날아갑니다. 대기에 있던 수증기는 기온이 높아질수록 점점 하늘
위로 올라가는데, 이때 기온이 내려가면 대기에서 분리되어 물방울 형태로 뭉치게
됩니다. 이 물방울은 소금이나 먼지 같은 응결핵에 모여 얼음 알갱이가 되고,
이것이 모여 구름을 만듭니다. 구름 속의 얼음 알갱이들은 점점 커져 땅 위로
떨어지는데, 이때의 기온이나 대기 상태에 따라 여러 가지 형태로 나타납니다.

이슬 지표면 근처의 온도가 낮아져
공기 중의 수증기가 응결되어
생기는 물방울입니다.

안개 지표면 근처에서 만들어진
일종의 구름입니다. 안개 속에서
눈으로 볼 수 있는 거리는
1km 미만이 됩니다.

비 대기 중의 수증기가 높은
곳에서 찬 공기를 만나 얼지 않은
채로 떨어지는 물방울입니다.

눈 구름 속의 수증기가 찬 기운을
만나 얼음 결정체를 만들어
떨어지는 것입니다.

우박 큰 물방울들이 갑자기 찬
기운을 만나면 얼어서 떨어지는
얼음덩어리입니다.

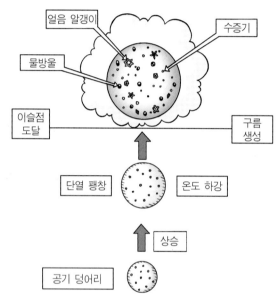

공기의 상승과 구름의 생성.

기후

일정 장소에서 장기간 나타나는 평균적인 기상 상황을 기후라고 합니다.
지구 곳곳에는 위도, 고도, 지형, 해류와 같은 요소들에 의해 서로 다른 기후가
나타납니다. 기후의 변화는 태양열, 행성 간의 거리, 지구의 자전 등에 의해
수십 년에서 수백 년의 긴 주기를 가지고 서서히 진행됩니다. 그러나 최근에는
환경 오염이나 이산화탄소의 증가로 인한 온난화 같은 인위적인 요소 때문에
과거에 비해 훨씬 더 빠른 속도로 기후가 변화하고 있습니다.

기후의 구분

열대 기후 연평균 기온이 20℃ 이상, 가장 추운 달의 평균 기온이 18℃ 이상인 기후로, 기온의 연 변화가 작습니다. 1년 내내 여름이며, 주로 적도 주변에 분포하고 있습니다. 대체로 강수량이 많고 열대 우림, 열대 몬순, 열대 사바나 기후 등으로 나뉩니다.

건조 기후 햇빛이 강하고 대기 중 수증기의 양이 적어 매우 건조합니다. 모래와 마른 토양으로 덮여 있으며, 식물은 아주 드물게 자랍니다. 주로 남·북회귀선 부근과 바다에서 먼 대륙 내부에 분포되어 있으며, 사막과 스텝 기후로 나뉩니다.

온대 기후 사계절에 따라 기온의 변화가 뚜렷한 기후입니다. 온대 지방은 인류가 가장 많이 사는 곳이기도 하며, 여름과 겨울의 기온 차이가 큽니다. 지형, 위치, 위도에 따라 온대 습윤, 온대 동계 건조, 서안 해양성, 지중해성 기후로 나타납니다.

냉대 기후 온대와 한대 기후의 중간 지역에 있으며, 아한대 기후라고도 합니다. 북반구 북부의 대륙에서만 볼 수 있으며, 겨울은 매우 춥고 여름은 짧으며 냉대 습윤 기후와 냉대 동계 건조 기후로 나뉩니다.

한대 기후 평균 기온 10℃ 이하의 지역으로, 나무가 자라지 않는 평지에 작은 풀과 이끼, 꽃들이 자랍니다. 이 기후는 양 극지방을 중심으로 나타나며, 고산 지역의 일부에서도 볼 수 있습니다. 농사가 불가능하고 수렵을 하기 때문에 인구 밀도가 낮으며, 툰드라와 빙설 기후로 나뉩니다.

고산 기후 높은 고지대의 기후를 가리키며, 높이에 따라 식생이 달라집니다. 열대 지방의 고산 지대에는 1년 내내 봄과 같은 상춘 기후가 나타나며, 구름과 안개가 잘 생기고 일사량과 풍속이 강합니다.

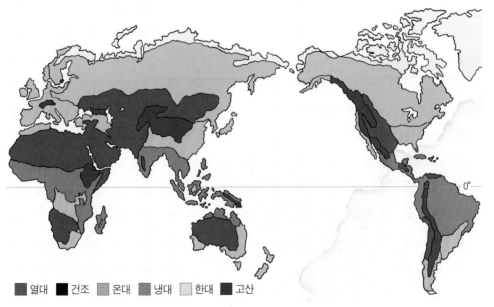

■ 열대　■ 건조　■ 온대　■ 냉대　■ 한대　■ 고산

세계 기후 지도.

쿠바에서 보물찾기

춤과 음악, 그리고 혁명의 나라 쿠바에서
숨겨진 카리브 해의 보물을 찾아라!

스페인 식민 시대, 유럽과 라틴 아메리카를 오가는 길로
보물선과 해적이 들끓었던 카리브 해!
오랜 시간 바다에 묻혀 있던 보물 지도가 쿠바에서
발견되자 팡이와 봉팔이의 보물찾기 경쟁이 시작된다.
아름다운 자연과 음악, 치열한 혁명의 역사,
가난하지만 밝고 다정한 사람들의 나라, 쿠바!
카리브 해의 보물을 둘러싼 대 모험이 쿠바에서 펼쳐진다!

글 곰돌이 co. | 그림 강경효 | 값 9,000원

근간 예정 | 남아공에서 보물찾기

세계 탐험 만화 역사상식

아이세움 www.i-seum.com 서울특별시 서초구 잠원동 41-10 전화 02)3475-3846 팩스 02)541-8249   (주) 미래엔 컬처그룹